AF247325

LES SOUVENIRS

ET LES DESTINÉES

DE LA FRANCE

Par l'Abbé PAUL DE CAGNY,

OFFICIER D'ACADÉMIE,

DE LA SOCIÉTÉ DES ANTIQUAIRES DE FRANCE, DE PICARDIE, ETC.

Gesta Dei per Francos.
Gr. Tur.

AMIENS

TYPOGRAPHIE Vᵉ LAMBERT-CARON,

PLACE DU GRAND-MARCHÉ.

LES SOUVENIRS

ET

LES DESTINÉES DE LA FRANCE

La France était donc autrefois bien grande et prospère, puisque un vieil auteur la définissait : *le plus beau des royaumes, après le royaume des Cieux !* C'est qu'alors, à l'époque si florissante du moyen-âge, la noble et religieuse nation des Francs était le peuple chéri de Dieu qui l'avait choisi de préférence pour l'accomplissement de ses desseins; *Gesta Dei per Francos;* c'est qu'alors aussi elle était véritablement la fille aînée de l'Église, avec mission spéciale de la défendre et de la protéger ; et ce protectorat séculaire devint et sera toujours, pour elle et ses gouvernants fidèles à l'observer, une auréole éclatante de gloire et de puissance; c'est qu'enfin elle avait exprimé le plus d'empressement et de zèle pour se conformer aux principes constitutifs de la nouvelle société chrétienne ! Cette constitution primitive des royaumes chrétiens est assez inconnue et semble bien antipathique, impraticable même, à notre époque sociale. Pourtant, dans une longue suite de siècles elle seule fut de nature à établir et conserver l'ordre, la paix, la stabilité, et même les droits de la dignité humaine, sous les règnes de nos anciens et illustres monarques. Il paraît donc opportun, aujourd'hui surtout, de l'examiner, de l'approfondir, avec bonne foi et impartialité, pour mieux la comprendre, et peut-être lui accorder librement une adhésion, qu'au premier abord, on est enclin à lui refuser sans réserve? Et aussi, à travers ces épais et effrayants nuages suspendus sur notre malheureuse Patrie, ne sera-ce pas une consolation, sinon une espérance, de jeter un regard rétrospectif sur le ciel calme et brillant qui éclairait nos pieux ancêtres.

Il ne s'agit pas ici d'une dissertation abstraite ou dogmatique à ce sujet. C'est l'exposé simple et intelligible de la doctrine et des coutumes religieuses de l'ancienne France, avec quelques observations d'une vieille et attentive expérience. Encore, cette doctrine et ses appréciations, nullement exclusives, l'auteur les soumet-ils à la libre intelligence des lecteurs, et surtout au jugement infaillible de l'Église ! Voici donc l'origine présumable et l'explication assez plausible de cette grave et délicate question.

Après la chute originelle, Dieu laissa à l'homme son libre arbitre, avec la faculté miséricordieuse d'obtenir encore le ciel par un choix méritoire entre le bien et le mal. Dès lors, dans l'ordre même temporel, il exerça un gouvernement théocratique sur les populations croissantes de la terre, ainsi qu'il en donna surtout la preuve dans la punition du premier homicide, Caïn, et dans le châtiment plus terrible encore du déluge universel ! Il en fut de même après ce mémorable évènement où il accorda à Noé toutes les attributions de Pontife-Sacrificateur et de chef politique. Alors ce patriarche devint réellement roi, de droit divin ; parce qu'il n'y avait pas encore de peuple proprement dit auquel le Seigneur pût transférer le pouvoir de choisir ses souverains. Mais le genre humain s'étant révolté contre sa puissance, à l'époque de Babel, Dieu se moqua de ses orgueilleuses prétentions par l'ignominieuse confusion des langues ; et pour le punir, l'abandonna à la double anarchie religieuse et politique de sa propre direction : *dimisit omnes gentes ingredi vias suas* (Act. 14-15). Ce fut alors, non pas devant la loi, mais en l'absence de la loi, la triste égalité sociale, naturelle et primitive qu'ont rêvée les philosophes, malgré sa dégénération dans un stupide et barbare paganisme où, selon Bossuet, tout était Dieu, excepté Dieu lui-même.

Il en sépara néanmoins son peuple choisi, celui des Hébreux, pour y continuer directement l'exercice de son autorité divine par des lois positives, par des juges, des prophètes et même des rois qu'il choisissait, ou répudiait, selon leur fidélité. Pendant plus de deux mille ans, il multiplia les prodiges en faveur de cette nation privilégiée qu'il destinait à l'accomplissement miséricordieux de la Rédemption des hommes. Mais, au moment même où ce grand mystère allait s'opérer, ce peuple ingrat et perfide ne voulut pas reconnaître le Messie, malgré les preuves les plus évidentes de sa divinité ; il le renia ouvertement au tribunal de Pilate, en s'écriant : *nous ne voulons pas qu'il règne sur nous! nous n'avons pas d'autre roi que César!* (Luc. 19-14) et consomma son apostasie par le Déïcide! Dès lors, le Seigneur le réprouva pour son peuple ; et en sa place, il adopta la Société chrétienne qui devait le choisir pour son chef et son Pontife-Roi. Ainsi il est facile de comprendre, mieux que certains interprètes intéressés, pourquoi et dans quel sens Jésus-Christ a répondu à un juge profane, Pilate : *mon royaume n'est pas de ce monde!* c'est-à-dire du monde payen des Romains, du monde des Juifs rénégats et réprouvés! Mais il ajouta aussitôt: *Maintenant mon royaume n'est pas d'ici;* (St. Jean 18-36) parce que dans l'avenir, Dieu-Homme et Prêtre-Roi tout ensemble, il devait être le chef du corps social dans l'ordre politique, comme dans l'ordre religieux, de tous les États du Christianisme. Ce fut alors, d'après l'Apocalypse, pour omettre d'autres citations, que *le royaume de ce monde devint le royaume du Seigneur et de son Christ* (Ch. XI); alors aussi, suivant le prophète Daniel (Ch. VII), que *le Fils de l'Homme fut présenté à l'Ancien des jours qui lui avait donné honneur puissance et règne*; ajoutant : *tous les peuples, toutes tribus et toutes les langues le serviront!*

Un changement opéré dans le Sacerdoce amène nécessairement, d'après St. Paul (Hæb. 7-12), un changement dans la loi destinée à régir un peuple. Jésus-Christ a donc été constitué Roi par son Père, depuis sa résurrection glorieuse et l'établissement de son Église sur la terre; et dès lors, les droits et la stabilité des princes chrétiens ne sauraient plus s'établir sur le seul titre de l'hérédité, émanant d'un choix primitif du corps social; mais bien aussi sur la ratification de la puissance spirituelle qui en est la partie intégrante, et donnée en son nom et au nom du peuple chrétien.

Aussi, dès l'établissement paisible du Christianisme, voit-on le 1er Empereur chrétien, le grand Constantin, s'empresser de faire, pour lui-même, l'application du nouveau principe, en prenant le nom d'évêque du dehors, et en protégeant de toute sa puissance l'Eglise de J.-C. Mais c'est la *France* surtout, objet de cette étude et de ses applications, qui l'accueillit et l'observa longtemps avec gloire et bonheur. Elle semblait avoir remplacé l'ancien peuple de Dieu dans les prédilections du Seigneur qui la bénit également lorsqu'elle est fidèle; la châtie lorsqu'elle s'égare; et lui pardonne toujours lorsqu'elle se repent.

En effet, cette constitution des États chrétiens est reconnue explicitement par St. Remy, dans son testament que Bossuet lui-même (discours sur l'unité de l'Église) reconnaît comme authentique, en appelant cet illustre prélat le *Samuel* des Français. Il y annonce aux futurs rois de France des bénédictions temporelles, ou des châtiments ou même leur déposition, suivant qu'ils seront fidèles, ou infidèles, à faire le bonheur de leurs sujets et à protéger l'Église romaine. (1) Plus tard, les illustres prélats qui ont fondé notre beau royaume, dont ils représentaient les pieux habitants, ont déclaré solennellement dans le 6ᵉ Concile de Paris en 829 (Pars Iᵉ C. 2 et 3), comme l'ayant appris des Saints Pères, que : *la Société chrétienne est un corps dont Jésus-Christ est le chef; et que sous ce chef unique, il se divise principalement en deux éminentes autorités, la sacerdotale et la royale.* Dès lors, différemment et avec bien plus d'avantage que les royaumes infidèles, tous les États chrétiens, comme l'indique le pape Paul III (Bulle de convocation au Concile de Trente), ne formèrent plus qu'une association fédérative, sous la présidence du Fils de Dieu fait homme et sous la vice-présidence du Pape son représentant. Dès lors aussi, tous les rois et les autres chefs des nations chrétiennes reçurent leur consécration de l'Église, et devinrent réellement dans l'ordre politique, comme les évêques dans l'ordre religieux, les véritables ministres de J.-C., au nom du peuple chrétien, sous la ratification du Souverain Pontife.

A l'exemple de Charlemagne, les plus grands monarques se faisaient gloire de reconnaître cette suprématie divine sur leur couronne temporelle. Partout, et même sur leurs monnaies, apparaissait cette expression manifeste de leur dépendance : *Christus regnat, Christus vincit, Christus imperat!* Le Christ règne; il commande, il est vainqueur !

(1) Considérations par le chanoine Cadart (Chalons-sur-Marne 1838.)

Plus tard et jusqu'au delà du XVIe siècle, on y lisait encore ces inscriptions équivalentes ; *Gratiâ Dei sum id quod sum*; *je suis ce que je suis, par la grâce de Dieu ;* ou *Sit nomen Domini benedictum ; Domine salvum fac regem* etc. et sur la face de ces monnaies, comme en titre de leurs édits, ordonnances, etc. les princes s'intitulaient toujours : *par la grâce de Dieu !*

En effet, l'Église ne saurait cesser de l'enseigner avec St. Paul, *toute puissance vient de Dieu* (Rom. 13–1); *il est seul puissant, roi des rois, seigneur des seigneurs,* comme il l'a affirmé lui-même en disant : *par moi règnent les rois et les législateurs portent des lois équitables* (Prov. 18–15). Sans une délégation spéciale de cette puissance divine, aucun homme n'a le droit de commander à ses semblables; et c'est au seul représentant de Dieu qu'ils ont le devoir de se soumettre. D'après J.-J. Rousseau lui-même, (Cont. Social, liv. 1er c. 3) l'autorité des souverains émane de Dieu seul, comme de sa 1re source ! Or cette délégation divine était attribuée aux princes chrétiens par l'acte même de la consécration qu'ils recevaient du Vicaire de J.-C. La formule liturgique de cette consécration est bien significative. *En obtenant cette couronne,* leur dit-il, *apprenez que vous devenez participants de notre ministère, en sorte que, comme nous devons être regardés dans l'intérieur pour les recteurs et les pasteurs des âmes, de même vous devez être les défenseurs toujours disponibles de l'Église, pour l'assister contre toutes les adversités !* Il y est expressément dit que les rois tiennent la place de J.-C. dont ils sont les délégués: *Cujus* (Christi) *nomen et vicem gestare crederis.* On y voit également qu'ils étaient en même temps les délégués du peuple chrétien, sous la direction de ce chef divin ! Car l'ancien formulaire du sacre des rois de France débute par cette remarquable observation : *Ici commence l'enquête, ou l'élection, des évêques, des clercs et des peuples, avant la*

consécration du roi. (1) Après la cérémonie, l'évêque consé-
crateur terminait son allocution au nouveau monarque par
ces paroles : *Vous vous conduirez de manière à faire voir
clairement que vous régnez, non pour votre avantage, mais
pour celui de vos sujets!* D'où il résulte que l'hérédité des
rois, délégués de J.-C. et du peuple chrétien, n'a pour but
que l'intérêt de la nation ; et qu'elle ne ressemble pas à
celle des particuliers dont on ne saurait dépouiller même
un incapable, ou un indigne.

D'après ce principe qui a maintenu la paix des royaumes
et la stabilité des couronnes, aux beaux jours du moyen-
âge, tous les chefs de la Société chrétienne formaient
réellement entre eux une *Association fédérative*, sous la
direction du Vicaire de J.-C., la plus sage, la plus indé-
pendante de toutes les autorités. Par la soumission des
princes à cette divine constitution des royaumes chrétiens,
les abus, la tyrannie, l'usurpation, l'insurrection même
devenaient impossibles. Car ces souverains catholiques,
membres d'un même corps, devaient *intervenir*, au besoin
et à la voix de leur Chef, par son représentant, *lequel*, dit
St. Bernard (Consid. l. 4, ch. 3), *n'ayant point le pouvoir
de se servir par lui-même de l'épée, a le droit de faire signe
aux rois de la terre de la tirer pour la défense de la Société
chrétienne!* Cette sainte et véritable alliance n'était-elle pas
plus solide et efficace que la prétendue *Sainte alliance* de
1815 entre les seuls chefs temporels de l'Europe, dont
aucun n'osa même élever la voix afin de protester,

____

(1) Dans le nouveau formulaire, en vue de maintenir ce droit
imprescriptible du clergé et du peuple, deux évêques, prenant le
roi par un bras, se bornaient à le présenter aux assistants et à
leur demander expressément un consentement au moins tacite.
(Souveraineté des peuples... Cadart, pp. 39 et 40.)

au moins, contre l'usurpation de la couronne de France
à l'infortuné Charles X !

Toutefois il ne serait pas exact d'attribuer aux rois un
droit divin et exclusif de souveraineté que Dieu, après la
confusion de Babel, a délégué aux peuples seulement.
Cette souveraineté absolue des peuples, conforme au
Contrat Social de J.-J. Rousseau..., n'existe que chez les
nations idolâtres que Dieu a punies par l'abandon, et où il
n'exerce plus que médiatement son autorité. Ces pauvres
peuples souverains, comme les nations devenues impies,
choisissent aveuglément des chefs dignes, ou indignes, sans
aucune garantie d'indépendance, sans aucun espoir de
stabilité. Le peuple chrétien a aussi sa souveraineté de
droit divin, mais avec bien plus d'avantage et de sécurité.
J.-C. son chef fait partie intégrante et principale de cette
souveraineté par le Pape son représentant. Celui-ci peut
donc, par une sage pondération, prévenir, ou réprimer, les
abus du côté des rois comme du côté des sujets ; assurer
également le trône des premiers ; le bonheur et l'indépendance des seconds. Mais, contrairement à l'opinion de
plusieurs, le Souverain Pontife n'aurait ce droit sur le corps
politique chrétien que comme Représentant visible du
Chef divin d'un peuple ayant réuni à la qualité de corps
religieux celui de corps politique. Il ne l'aurait exercé que
par délégation formelle, ou tacite, des populations du
christianisme. C'est dans ces conditions qu'eurent lieu particulièrement en France l'élection de Pépin et la déchéance
du roi incapable, Childéric III, sous l'année 751. Cette grave
mesure, malgré certaines conjectures, fut prise par la ma-
jorité de la nation française ; mais elle réclama le concours
du pape Zacharie qui la ratifia par son autorité !

Quelquefois le Souverain Pontife recourait directement
aux seules armes de l'autorité spirituelle, lorsqu'il s'agissait

de réprimer le désordre irréligieux d'un prince chrétien.
Ainsi, au moyen d'un long interdit sur son royaume, obli-
gea-t-il le roi Philippe-Auguste à reprendre sa première
femme légitime, Ingelburge, qu'il avait injustement répudiée
pour épouser Agnès de Méranie. Et, inconséquence inouïe !
des historiens modernes, si antipathiques aux abus de
l'absolutisme des rois, si enthousiastes pour la séparation
de l'Église de l'État, et peut-être pour l'abandon par le
peuple des pratiques religieuses qu'ils taxent de supers-
tition, se répandent particulièrement en critiques amères
contre un Pape courageux, Innocent III ; et pourquoi ?
parce qu'il imposa aux fidèles de cette époque la privation
passagère du même culte public par cet interdit général.
C'était, il est vrai, une mesure extrême ; mais elle était
alors la seule efficace pour rappeler à l'ordre un prince égaré
qui prétendait violer impunément, et au scandale de son
peuple, les lois de la morale et de l'Évangile ! Et les mêmes
écrivains n'ont pas un mot de blâme pour flétrir ces indus-
triels, ces chefs d'ateliers, de magasins, etc. de notre siècle
qui, pour leur unique intérêt, violentent despotiquement la
conscience de tant de Français libres par la Constitution,
en les obligeant de travailler fêtes et dimanches, et les pri-
vant ainsi des avantages du culte religieux, au grand préjudice du bien social !

Sous tous rapports, la Constitution fondamentale des
États chrétiens était donc bien éloignée de favoriser l'absolutisme qui est le plus grand fléau de la liberté des
peuples. Sans doute chez les infidèles, où il n'exerce que
le gouvernement général de sa providence, Dieu n'a établi
aucune puissance publique chargée de réprimer les abus
de pouvoir de la part des chefs despotiques et barbares !
Mais dans le christianisme il y a une autorité prédomi-
nante dont le seul but est de prévenir, d'anéantir même
l'absolutisme. Jaloux de procurer le bienfait de la liberté au

peuple chrétien qu'il a relevé, par sa grâce, à sa dignité primitive, J.-C. a environné, pour ainsi dire, de formes républicaines les trônes de tous les rois chargés de gouverner ce peuple de sa prédilection! Ainsi, sous la haute direction du Chef de l'Église et de la Société chrétienne, l'héritier du trône était obligé d'obtenir le consentement du peuple et de subir une enquête, avant de recevoir le titre de roi. Il était assujetti à la peine de la déchéance, en cas d'abus excessif et opiniâtre de sa puissance! Seul un tribunal impartial devait la prononcer. Aussi le Pontifical romain ne lui donnait-il, jusqu'au moment de sa consécration, que le simple nom d'illustre chevalier *(egregium militem)*; et ne prenait-il, dans son serment d'autre qualification que celle de *futur Roi!*

Dès 1833, pour l'intelligence de cette sagesse constitutive, l'abbé Cadart, dans des considérations analogues, mais assez confuses, comparait la Société chrétienne à une famille qui aurait J.-C. pour père, les rois pour mère, les peuples pour enfants! En supprimant l'autorité pondératrice du père, représenté par le Souverain Pontife, comme l'exprime la Déclaration de 1682, on a favorisé l'absolutisme sans réserve et sans frein de la mère. D'autre part, en proclamant les droits exclusifs de l'homme, par celle de 1789, on établissait, au contraire, l'absolutisme monstrueux des enfants sur leur mère; c'est-à-dire des sujets sur leurs chefs; parce qu'on abolissait le contrôle, l'intervention de la puissance paternelle. Cette intervention de J.-C. par son Représentant était seule de nature à prévenir ces deux extrémités de la part des rois délégués et de la part des peuples déléguants. Le Souverain Pontife bornait son action à empêcher les princes chrétiens d'excéder les limites d'une douce et sage autorité sur leurs sujets; et pareillement à s'opposer aux abus que les peuples voudraient faire de leur liberté. Ainsi disparaissait le danger de toute espèce d'absolutisme, sans aucun préjudice pour l'autorité des rois, ou pour la liberté des sujets!

Telle était la Constitution séculaire, sous l'influence de laquelle le beau royaume de Charlemagne et de St. Louis, toujours protégé par le Ciel, surpassait tous les autres états en gloire et en prospérité! Mais vint le jour malheureux où la France, le nouveau peuple de Dieu, répudia aveuglément ces précieuses garanties contre l'instabilité et les révolutions! Dès lors, rois et sujets eurent-ils un sort plus favorable? On peut en juger par les circonstances suivantes laissées à l'appréciation libre et facultative des lecteurs! Il ne s'agit que de la France!

Louis XIV est le premier de nos rois qui porta une atteinte manifeste à cette ancienne constitution de la Société chrétienne. Aveuglé par sa propre gloire, dominé par une passion absolue d'autorité qui lui faisait dire: *l'état c'est moi!* il imposa aux évêques français la trop fameuse *Déclaration de 1682*, dont l'objet principal était de révoquer les droits des peuples et l'autorité directive du Représentant de l'Homme-Dieu sur les chefs temporels de la société chrétienne. Par cet acte solennel et, malgré les réclamations du Souverain Pontife, ce monarque abdiquait indignement son titre séculaire de roi très-chrétien, de fils aîné de l'Église, qui lui avait mérité jusqu'alors les bénédictions du Ciel. Jamais prince, assure d'Avrigny, n'avait mieux soutenu le nom de grand que ses exploits et l'illustration de son règne lui avait mérité. Mais après l'avoir élevé à un si haut degré de gloire et de puissance, Dieu l'abandonna tout-à-coup, en le condamnant aux plus rudes épreuves et comme père, et comme roi. Après tant d'éclatantes victoires, il fut réduit à boire à longs traits le calice de l'infortune et des humiliations. Déjà pour la même cause, le Seigneur avait châtié l'illustre maison des Stuarts par des malheurs inouïs et par l'état d'abaissement où elle s'est éteinte! L'histoire a conservé le souvenir des disgrâces analogues éprouvées par les derniers membres de l'antique dynastie des Bourbons. Leur trône, miné insensiblement par les excès de l'absolutisme, par les désordres de la Régence et du règne de Louis XV, et aussi par l'impiété des philosophes, finit par s'écrouler, en entraînant dans sa chute sanglante le juste et infortuné Louis XVI, victime et expiation tout à la fois! Ainsi fut renversée la plus noble et la plus ancienne monarchie de l'Europe, après avoir duré 1312 ans, avec un éclat qu'aucune autre puissance n'a jamais égalé!

Après les jours néfastes de la 1re République, le Seigneur, qui afflige pour guérir, prit enfin pitié de l'ancien peuple de sa prédilection. Il suscita un guerrier habile et redoutable, Bonaparte, qui vint écraser la révolution et relever les autels. Il reçut la consécration Pontificale, et soutint d'abord les droits de l'Église dans le nouvel empire français. Aussi, pendant les premières années de son règne, le voit-on remplir de la gloire et de la terreur de son nom toutes les provinces de l'Europe; remporter de nombreuses et éclatantes victoires qui réhabilitaient la grandeur de la France aux yeux du monde entier. Mais, aveuglé par son ambition, ce héros providentiel devint infidèle à Dieu qui l'avait choisi, à l'Eglise qui avait consacré son pouvoir, et osa même porter une main sacrilége sur son Chef vénérable, après avoir injustement usurpé ses États. Dès lors, le Ciel se déclara ouvertement contre cet empereur parjure qui vit le terme humiliant de ses triomphes; et tandis que ses généraux succombaient dans la guerre inique contre l'Espagne, lui-même allait ignominieusement au fond de la Russie ensevelir, avec sa gloire et sa puissance, l'armée la plus nombreuse, la plus formidable des temps modernes! Deux fois détrôné, cet illustre conquérant en fut réduit à terminer tristement sa carrière sur le rocher de Ste-Hélène, après avoir vu dépérir et expirer son fils unique qu'il avait audacieusement appelé *Roi de Rome* (1).

Dieu qui, d'après le prophète Daniel (ch. 4-22), a le souverain domaine sur tous les royaumes de la terre et les donne à qui il lui plaît, permit alors que la France acclamât pour son roi, Louis XVIII, de l'ancienne famille des Bourbons. Mais ce prince qui, peu avant son émigration avait prêté le serment civique, sans restriction, ne mit pas à profit les leçons d'un pénible exil et des malheurs qui avaient accablé sa dynastie. Il refusa de se faire sacrer, et soutint formellement les principes de la Déclaration de 1682. Le Seigneur lui donna donc un avertissement terrible par l'assassinat du duc de Berry qui devait consommer l'extinction de sa branche aînée, si la naissance inespérée d'un nouveau Joas n'avait laissé les espérances providentielles de l'avenir.

Charles X, son successeur, consent à recevoir la consécration royale et religieuse ; mais, imbu également des

---

(1) Ce souvenir inspirait vraisemblablement *l'historien* fameux du *Consulat et de l'Empire*, M. Thiers, lorsque, soutenant l'expédition de Rome, devant l'Assemblée législative (1850), il s'écriait avec une grande conviction : *Prenez garde, MM., il est toujours dangereux de s'attaquer au Pape !* Ne serait-ce pas cette manifestation courageuse en faveur du Souverain-Pontife qui lui aurait mérité la récompense terrestre de quelques jours de gloire en ce bas-monde? Alors aussi, M. de Montalembert, dans son admirable discours, chef-d'œuvre de la parole humaine, ajoutait : « à un « intervalle de mille ans, Napoléon a éprouvé un échec humiliant, « pour avoir essayé de détruire à Rome l'œuvre de Charlemagne « son immortel prédécesseur ! »

préjugés de l'absolutisme dynastique, il fit retrancher des prières liturgiques du sacre les paroles mêmes qui reconnaissaient sa délégation de l'Église et du peuple chrétien ! (1) Les trois journées de juillet 1830 suffirent pour briser son trône et le renvoyer, bien qu'honorablement, sur la terre d'exil !

Louis-Philippe, de la branche cadette des Bourbons, l'usurpe et s'y installe, avec le concours des Parisiens, mais sans l'aveu du peuple français. Il le conserva pendant de longs jours de prospérité matérielle, au milieu d'une nombreuse et brillante descendance ! Mais voilà que tout-à-coup, et contrairement à toutes les prévisions humaines, il est détrôné à son tour et chassé honteusement du royaume ! Pourquoi donc une chûte aussi rapide et humiliante ? Ne serait-ce pas parce que ce prince, en appuyant son pouvoir sur la Déclaration exclusive de 1789 et sur le principe de *non intervention*, lui avait donné une base bien plus chancelante encore que la branche aînée, avec la séduisante Déclaration de 1682 ? Et surtout en faisant avancer que la loi était athée et devait l'être, n'avait-il pas replacé la France dans la triste situation des royaumes infidèles dépourvus de toute garantie de stabilité ? Aussi fut-il renversé par ceux-là même qui l'avaient élevé !

La 2e république de 1848, moins longue et moins sanglante que la première, touchait à sa fin, lorsque les Bourbons reçurent de nouveau une leçon bien douloureuse, en voyant

(1) Voici le texte de cette prière dont les mots entre parenthèses ont été supprimés. « Respice, Domine, preces humilitatis « nostræ, et super hunc famulum tuum (quem supplici devotione « in hujus regni regem pariter eligimus) benedictionum tuarum « dona multiplica.. .. »

(Cadart, de la Souveraineté des peuples. — Grand in-8., Châlons 1833, pp. 35 et 40).

le neveu de Napoléon les remplacer sur le trône glorieux de leurs ancêtres! Le peuple français, las alors de républiques et de révolutions, donna une préférence assez générale au nouvel empereur, grâce au procédé assez mobile et fautif du suffrage universel. Son règne commença sous de favorables auspices. Il obtint même plusieurs années de puissance, de gloire, de prospérité. Pourquoi? parceque d'abord, fidèle instrument de la divine Providence, il protégea et délivra de ses ennemis le Souverain-Pontife qui voulut bien accepter pour filleul le prince impérial. Mais bientôt le Ciel cessa de bénir ses entreprises et ses armes jusqu'alors victorieuses! Lui-même aussi cessa de protéger le Vicaire de J.-C. dont les chefs de la France avaient la mission séculaire de sauvegarder l'indépendance et la suprême autorité. Toujours peut-on dire (et beaucoup alors en firent l'observation) : à peine Napoléon III eut-il rappelé nos troupes de Rome, qu'aussitôt éclata la guerre funeste avec l'Allemagne; et c'est encore au moment même où les derniers soldats français abandonnèrent Civitta-Vecchia, que commença, dans l'Alsace, cette suite de défaites les plus sanglantes, les plus désastreuses pour notre malheureuse patrie! C'est-là une coïncidence au moins extraordinaire, comme les échecs successifs de cet empereur, l'invasion de son empire, sa captivité et sa déchéance! D'autres pourront attribuer au hasard, à des causes humaines, ou politiques, les résultats de ces faits incontestables, relatifs aux chefs de la France depuis le XVII⁰ siècle. On a bien vu un libre-penseur affirmer que : si le bien mal-acquis ne profitait pas, c'était par un effet de la nature! Ne serait-il pas, ce semble, plus rationnel de conclure que, du jour où les souverains de la France ont refusé, ou cessé, d'appuyer leur autorité sur le Vicaire de J.-C. et de le protéger, leurs couronnes ont flotté à tous les vents, sans garantie désormais, ni stabilité! Ne serait-ce pas aussi l'explication de cette *loi fatale d'instabilité que subit la France*, dont parle M. Rouher, dans sa circulaire électorale d'octobre 1877??

Les peuples de leur côté, furent-ils plus heureux? Par l'abandon progressif des précieux sentiments de la Foi religieuse, ils affaiblirent de jour en jour l'autorité des chefs de l'Église. Les princes chrétiens s'habituèrent à ne plus craindre et à décliner leur pacifique intervention; à ne plus recourir à leur arbitrage pour juger leurs différends... Ce contre-poids salutaire de l'absolutisme des rois ayant disparu, il n'y eut plus de frein pour contenir leurs passions, leurs projets ambitieux de conquêtes!.. Dès lors surtout que de guerres sanglantes, incendiaires, désastreuses, principalement pour les misérables populations des campagnes qui, pendant plusieurs siècles, ont vécu dans des craintes et des alarmes continuelles! Le règne de Louis XIV, le monarque absolu par excellence, ne fut-il pas le plus affligé par une suite presque consécutive d'entreprises militaires, glorieuses sans doute, mais ruineuses pour la France? Les excès de l'absolutisme des rois, les abus de la féodalité, comme la corruption des mœurs et l'impiété des philosophes qui avaient envahi les masses, ne tardèrent pas à faire éclater l'absolutisme des peuples, par la longue et terrible révolution de 1789. Ce fut un châtiment mémorable dans lequel la Justice divine voulut atteindre tous les ordres d'une nation qui avait mis le comble à la révolte, en proclamant, ou en accueillant, la *Déclaration des droits de l'homme*, exclusivement à ceux de Dieu. Sans doute (on ne peut le méconnaître) cette révolution fut nécessitée alors par la réforme de bien des abus. Elle les a supprimés; elle a rendu au peuple français la plénitude de cette dignité, de cette indépendance, que l'Église catholique a toujours réclamée en faveur des enfants de Dieu, sans exception. Dès lors, conformément à sa doctrine, ils furent tous égaux, non pas de l'égalité absurde et socialiste des conditions; puisque le Seigneur, parlant des deux frères jumeaux, Esaü et Jacob, dit expressément : *major serviet minori* (Gen. 25-23); mais bien de la véritable égalité devant la loi et la justice, pratiquée par le Tout-Puissant lui-même dont il est dit : *pusillum et magnum ipse fecit, et æqualiter cura est illi de omnibus.* (Sap. 6-8).

Mais bientôt la réaction devint bien pire que le mal. Une multitude acéphale et sans frein, après l'infamie d'un criminel régicide, se porta à des excès de barbarie et de vandalisme inouïs jusqu'alors dans les annales de notre histoire nationale! Pendant ce règne long, sanglant et terrible de la démagogie révolutionnaire, on comprit, mais trop tard, la valeur de cette liberté, de cette égalité, de cette fraternité que seul le christianisme peut assurer aux nations. Fut-il plus heureux encore ce peuple Français, et sous le 1er Empire où tant de batailles, bien que glorieuses, décimaient ses enfants; et lors de l'invasion allemande, où la capitale subit un châtiment signalé, inefficace; où tant de provinces furent cruellement désolées? Aujourd'hui-même l'est-il davantage au milieu de la confusion, du trouble de l'anxiété d'une 3e république?

Pourquoi donc cet état d'agitation, d'instabilité de la France, depuis surtout ces Déclarations de 1682 et de 1789? Le Pape Benoit XIV déplore sa séparation des autres églises touchant le pouvoir, au moins indirect, du Vicaire de J.-C. sur le temporel des rois chrétiens (Bref. 27 Juil. 1747); Grégoire XVI s'écrie avec douleur : « la terre est dans les larmes, parcequ'elle est infectée par la corruption de ses habitants qui ont violé les lois et mis au néant le pacte éternel » (Encycl. *mœrentes*). N'est-ce pas la justice du Seigneur qui semble s'appesantir sur l'ingrate nation des Français, pour rappeler à ce peuple de sa prédilection que : s'il a ses droits de l'homme, il a bien plus encore, envers sa Majesté divine, des devoirs imprescriptibles trop longtemps méconnus ? Car (on en fait rarement l'observation) les nations collectives n'ont pas, comme les individus, leur récompense, ou leur châtiment, dans l'autre monde. C'est toujours sur la terre qu'elles obtiennent la prospérité, ou qu'elles tombent en décadence, suivant leur respect pour la Divinité et la pratique des vertus sociales. Le peuple romain en a été un grand exemple. On l'a répété cent fois, il serait plus facile de bâtir une ville au milieu des airs, que de fonder un état social sans religion. Aussi comme elles étaient heureuses et prospères ces anciennes réductions du Paraguay, formées, d'après l'Évangile, de peuplades barbares, devenues sincèrement chrétiennes ! On y avait même essayé le socialisme de la charité qui n'a pu se maintenir, par le seul défaut d'intérêt particulier pour chaque famille ! Aujourd'hui-même, dans les innombrables corporations religieuses du Catholicisme, n'ayant, comme les premiers chrétiens, qu'un cœur et qu'une âme, quelle paix, quelle harmonie, quelle douce félicité ! Elles se composent néanmoins d'une multitude de membres divers de tout âge, de tout sexe, de toute condition, que la religion seule a le secret et la vertu de concilier dans la paix d'une vie commune, soumise et toujours volontaire !

Tel était aussi sans doute le sort de nos pieux ancêtres ! Des écrivains progressifs ne peuvent refuser une certaine justice au christianisme qui, dans la mesure de son pouvoir, avait aboli l'esclavage, établi la Trêve-Dieu et opposé un frein terrible au despotisme de suzerains, encore à demi-barbares, malgré les sentiments d'une foi vive et de la crainte de Dieu. Mais, ne faisant consister le bonheur que dans le bien-être matériel, ils dépeignent, avec une hypocrite commisération, l'état déplorable des anciennes populations *attachées au sol natal, courbées constamment sous la glèbe... taillables et corvéables à merci!..* D'abord, avec un peu de bonne foi, il serait facile de comparer et de reconnaître que ces corvées, ces droits seigneuriaux et autres de la féodalité, sont aujourd'hui remplacés, sous d'autres noms, et surpassés même par de nombreux impôts directs et indirects, par des charges diverses qui atteignent toutes les classes de la nation française! Ensuite, étaient-elles donc si malheureuses, avec leurs vertus simples et modestes, ces populations sincèrement religieuses des siècles passés? Si leurs services, leur travail, appartenaient à un maître riche et puissant, en compensation (on n'a pas la franchise de le signaler) ce maître avait l'obligation de subvenir sans réserve à leurs besoins, à ceux de leurs familles, pendant leur existence toute entière. Elles supportaient sans peine une condition qui s'améliorait progressivement et qui était dans les mœurs de cette époque où l'on sortait à peine de la barbarie! Sans préoccupation de l'avenir, contentes de leur sort et animées du précieux sentiment de la Foi chrétienne, il leur était donné de couler des jours calmes, de jouir d'un bonheur relatif, au sein de leurs familles patriarcales, dans les lieux affectionnés qui les avaient vu naître. Souvent même, les belles fêtes de la religion leur ménageaient d'heureux moments de repos, de joie solide et pure, de véritable consolation !

Les ouvriers de nos jours, plus libres et bien moins religieux, ont-ils donc un sort beaucoup plus favorable ? Ils ne travaillent qu'à leur gré sans doute ; mais aussi quelquefois par une dure et despotique nécessité. Incapables assez souvent d'une sage direction, ils n'ont guère la prévoyance de l'avenir, ni la résignation et les autres vertus bienfaisantes du christianisme ! Quand leurs maîtres les délaissent, à cause de la vieillesse et des infirmités, quels soins prennent-ils de leurs misères ? Plusieurs seulement, surtout au sein des villes, obtiennent la ressource des asiles hospitaliers, fondés généralement par les seigneurs d'autrefois, charitables même pour l'avenir !

Les auteurs de la grande révolution annonçaient pompeusement des jours de calme, d'abondance et de prospérité désormais ; il y a un siècle bientôt qu'on les attend, mais en vain. Ils avaient néanmoins aboli sans réserve tous les priviléges, tous les abus de la féodalité, si préjudiciables, selon eux, à la liberté, au bien-être, à l'égalité, au bonheur même du peuple français ! Ils avaient supplanté la noblesse séculaire par le Tiers-Ordre, par l'aristocratie de l'argent. Maintenant leurs successeurs n'aspirent qu'au triomphe de la démocratie sur l'opulente et fastueuse bourgeoisie ! Depuis lors, quelle déplorable variation de notre gouvernement national en monarchie constitutionnelle, en état démocratique, en césarisme ! c'est-à-dire en un échange successif, interminable, de l'absolutisme des souverains contre l'absolutisme des peuples, à défaut de la suprématie modératrice du Vicaire de J.-C. Et quelle est la base de cette absolutisme, bien plus redoutable des peuples ? Sinon la fameuse déclaration des droits de l'homme, importée en France de cette république modèle d'Amérique, où la guerre récente de sécession, entre les membres d'un même peuple, a immolé tant de victimes et causé tant de ravages, bien qu'il n'y ait *ni rois, ni empereurs !* Et cette excessive souveraineté a-t-elle procuré d'ailleurs aux populations de bien solides avantages, pour la paix des familles et le vrai bonheur des individus. Elles n'en ont retiré qu'une amélioration toute extérieure, au seul point de vue de la vie matérielle, parvenue à des limites effrayantes ! Car (une fâcheuse expérience le démontre) jamais peut-être on ne vit pareils excès d'un luxe, souvent ridicule, qui paralyse l'aisance et déclasse toutes les conditions ! Jamais un amour aussi effréné des plaisirs, des jouissances physiques, qui trouble les cœurs, aveugle toute prévoyance, occasionne tant de ruines et de misères ! Delà ces convoitises désordonnées inspirant le dégoût de son état ; delà cet abandon désastreux des campagnes pour le séjour des villes ; delà aussi cette agitation vertigineuse de l'ambition qui emporte la jeunesse loin de l'humble et paisible habitation de ses pères ! Et quand ce bien-être assez fragile aura disparu ; quand l'industrie peut-être, ne pouvant plus écouler ses produits excessifs, refusera le travail ; quand ce pauvre peuple souverain n'aura plus le moyen de satisfaire ses habitudes de luxe et de confort ; quand des millions de déclassés, pleins de prétentions présomptueuses, envieux de la richesse, des places et du pouvoir qu'ils n'ont pas, couvriront le sol de la France ; quand enfin éclatera cet esprit actuel d'indépendance absolue, de révolte contre toute autorité, etc. que deviendra notre belle et infortunée patrie ? Car elle a perdu, ce semble, la précieuse garantie du sentiment religieux de ses habitants ! Car les hommes surtout, bien dégénérés de leurs pieux ancêtres, les hommes, rois de la création, chefs de la famille et de l'état social, les premiers dans tout le reste, ne sont-ils pas généralement les derniers aujourd'hui, lorsqu'il s'agit des devoirs à rendre au Souverain-Maître de l'univers ?

Est-ce que déjà l'on n'entend point les bruits souterrains de ce volcan du socialisme, de l'internationale, dont l'éruption subite et prochaine pourrait répandre la dévastation dans l'Europe toute entière, et dans la France particulièrement ! Pourquoi ? parceque la France, très-chrétienne autrefois, s'est révoltée contre Dieu et son Christ. Ses chefs, ses parlementaires, ses orgueilleux savants, ses doctrinaires ont dit, comme les Juifs devant Pilate : *nolumus hunc regnare super nos ;* nous ne voulons plus qu'il règne sur nous ! ni par ses papes, ni par ses évêques, ni par ses prêtres qui doivent être exclusivement relégués dans l'enceinte de leurs églises. Ils savent bien néanmoins, les imposteurs ! que le clergé ne saurait prétendre au pouvoir temporel direct sur le peuple chrétien. La loi apostolique lui en fait l'interdiction la plus formelle! *Ceux qui sont consacrés au service de Dieu, dit Saint Paul, ne doivent pas s'occuper des affaires temporelles.* (2 Tim. 2-4.) A l'époque encore demi-barbare, comme lui seul était instruit et régulièrement organisé, il obtint une supériorité et un ascendant de justice et de nécessité. Il n'en profita (bienfait signalé et trop oublié !) que pour protéger les faibles ; sauver les lettres du naufrage général; et par l'élément chrétien, créer et constituer la société moderne de la France ! Aujourd'hui, il n'a plus d'autre ambition que celle de son influence religieuse et morale, si légitime, si indispensable même, pour prévenir et réprimer les débordements des passions populaires, les désordres de l'impiété, le fléau des révolutions ! Ce résultat nécessaire à la paix sociale, ces économistes laïques pourront-ils jamais l'obtenir? Ils se disent, avec emphase, plus instruits maintenant, plus libéraux, plus désintéressés et plus dignes peut-être que les prêtres ; plus capables, par l'instruction et la civilisation, de moraliser les peuples, sans désormais aucune intervention de Dieu, par ses représentants, sur les membres de la Société chrétienne ! Quel oubli du passé ! est-ce que en 1793, la France n'a point fait déjà la triste, la longue et funeste expérience, de ce gouvernement d'absolue démocratie, sans cléricaux, sans sacerdoce, sans autels et sans Dieu?

Eh bien ! que ce système anti-social d'irréligion se consomme de nouveau, toute digue sera rompue, et le torrent révolutionnaire complétera son irruption terrible dans notre belle patrie; et la fera reculer aux siècles de la plus insigne barbarie ! Déjà ne semble-t-elle pas glisser rapidement sur la pente d'une humiliante décadence, à dater du jour où elle a aveuglément basé ses constitutions sur les droits exclusifs de l'homme ; où ses chefs, si jaloux de leur propre gloire, ont couvert d'une impunité criminelle les outrages publics contre Dieu et la religion ; où ils ont cessé de protéger l'Eglise et le Vicaire de Jésus-Christ, dont l'intervention seule pourrait sauver la France de l'abîme des révolutions ? En effet, depuis 1789 principalement, quelle déplorable instabilité dans ses gouvernements, malgré sa division, non plus en provinces puissantes, mais en simples préfectures ! Qu'on veuille bien supputer ! La longue et sanglante République de 93, avec l'Assemblée Constituante et Nationale ; la Convention et le Directoire ; le Consulat ; le 1er Empire et ses guerres d'extermination, qui ont eu leurs représailles ; la 1re Restauration ; le 2e Empire ; la 2e Restauration ; la Révolution de Juillet et son Gouvernement ; la 3e Révolution et la 2e République de 1848 ; l'Empire de nouveau et sa chûte extraordinaire ; le règne usurpateur de la prétendue Défense nationale, pendant l'invasion désastreuse de 1870 ; la Commune de Paris et ses horreurs ; et enfin aujourd'hui une troisième République, fort agitée et dont on ne saurait présager l'avenir ?

« Ainsi, en trois quarts de siècle, écrivait récemment « M. Grévy lui-même, huit gouvernements successifs ont « été détruits, par des révolutions ; chose inouïe dans les « fastes du monde ! Parce que, dit-il (sans avoir égard aux « républiques antérieures qu'elle n'a pu maintenir) « la « France devenue pure démocratie, ne peut plus supporter « aucun gouvernement monarchique ! » Ne serait-il pas plus juste d'en rechercher la véritable cause dans le mépris de cette ancienne constitution chrétienne, qui ne pourrait revivre sans un miracle du Ciel ! et qui seule pourtant était de nature à maintenir la paix et la stabilité ? Quel aveuglement inconcevable de ne pas vouloir enfin le reconnaître, après une épreuve si longue, si évidente, de l'impuissance de tant de constitutions diverses, de tant de gouvernements successifs sans Dieu et sans Christ ! La Religion n'est-elle pas l'âme de la société civile qui ne saurait se maintenir sans elle ; puisqu'elle seule inspire les vertus solides et sociales, garantie de sa conservation ? Mais ce grand principe doit s'appliquer à la France particulièrement. La Providence lui a donné une mission spéciale à remplir, comme nation privilégiée entre tous les autres royaumes ! Il faut donc, comme aux beaux jours de sa gloire et de sa puissance, qu'elle redevienne sincèrement religieuse et la fille aînée protectrice de l'Eglise, *ou elle ne sera plus !* Malgré la fausse sagesse de ses gouvernants, elle continuerait à être bouleversée par les excès alternatifs de la démocratie et du césarisme, jusqu'à l'époque déplorable peut-être de sa décadence, de sa dissolution. Déjà, en 1814, n'a-t-elle pas subi la menace du partage de ses provinces ? et aujourd'hui on découvre à peine quelques débris des ruines imposantes de Tyr, Ninive et Babylone, cités puissantes, magnifiques et incomparables de l'antiquité !

Puisse le Ciel lui épargner une aussi triste destinée ! Cet ancien royaume très-chrétien, ce pays de la charité et des bonnes-œuvres par excellence, surtout cette nation également privilégiée de la Reine des Anges, *regnum Galliæ, regnum Mariæ*, ne saurait s'abandonner sans réserve au désespoir. Cette Vierge puissante ne s'est-elle pas établie exceptionnellement sur ses frontières : à la Salette, à Lourdes, à Pontmain et aux limites de l'Alsace, comme pour se charger spécialement de la défendre, de la protéger ? Ce sont des faits évidents que la plus habile impiété ne saurait contredire ! Pauvre France ! sa réprobation ne serait donc pas encore sans retour ? Mais pour retrouver enfin le calme et la stabilité, il faut que le rouage détraqué de ses gouvernements se replace sur son axe véritable ; il faut que sa boussole, sujette à de si longues et pénibles agitations, se fixe définitivement vers le Nord ! C'est-à-dire que librement, ou plutôt sans doute *par une intervention mani-feste du Seigneur*, elle revienne à la favorable constitution chrétienne d'autrefois ; que la loi française cesse d'être une loi athée et qu'elle revendique son protectorat séculaire de l'Eglise romaine. Dès lors, avec sa prééminence actuelle dans l'industrie, les sciences et les beaux-arts, etc., la France, heureuse et prospère désormais, quelque soit son gouvernement, serait encore la nation la plus grande, la plus sympathique, la plus illustre du monde entier !

Sans doute les sages de notre siècle accueilleront avec un sourire dédaigneux, et les libres-penseurs, avec un mépris outrageant, la simple idée de cette constitution chrétienne du Moyen-Age. Ils trouveront même mille raisons spécieuses et contradictoires à cet égard? Mais la voix du Ciel se chargera de les convaincre ! et le Tout-Puissant saura bien confondre les misérables pygmées qui osent lui renier le droit d'intervenir dans l'administration du monde qu'il a créé ! Le Souverain-Pontife au contraire, malgré la suppression de son pouvoir temporel, n'en est pas moins encore aujourd'hui, de tous les princes de la terre, le plus grand, le plus digne, le plus fort par sa puissance morale, le plus invincible dans sa faiblesse, dans ses humiliations temporaires : et son trône, comme toujours, survivra avec l'Eglise de J.-C. à la ruine de tous les autres empires ! *Veritas Domini manet in æternum !* (Ps. 116-2). *Et nunc, reges, intelligite ; erudimini, qui judicatis terram !* (Ps. 2-10).

Heureux mille fois le vieil auteur de cette étude sociale, d'avoir pu terminer sa longue carrière scientifique par cet hommage au Dieu Puissant, à l'Eglise de J.-C., au Souverain-Pontife, à la Religion, à la Patrie !!